Dans la collection
CARNETS DE SAGESSE :

PAROLES INDIENNES
par Michel Piquemal
PAROLES DU BOUDDHA
par Marc de Smedt
PAROLES ZEN
par Marc de Smedt
PAROLES DE LA GRÈCE ANTIQUE
par Jacques Lacarrière
PAROLES DE JÉSUS
par Jean-Yves Leloup
PAROLES DE LA ROME ANTIQUE
par Benoît Desombres
PAROLES DE SAGESSE JUIVE
par Victor Malka
PAROLES DE L'ISLAM
par Nacer Khémir
PAROLES DE L'ÉGYPTE ANCIENNE
par François-Xavier Héry
PAROLES DU TAO
par Marc de Smedt
PAROLES DE NATURE
par Jean-Marie Pelt
PAROLES DE SCIENCE
par Albert Jacquard
PAROLES D'AFRIQUE
par Gérard Dumestre
PAROLES CELTES
par Jean Markale
PAROLES SOUFIES
par Sylvia Lipa Lacarrière
PAROLES DES FRANCS-MAÇONS
par Jack Chaboud
PAROLES DES ROMANTIQUES
par Michel Piquemal

PAROLES DE CHAMANS
par Henri Gougaud
PAROLES DES SAGES DE L'INDE
par Marc de Smedt
PAROLES DU JAPON
par Jean-Hugues Malineau
PAROLES DE TOUAREGS
par Maguy Vautier
PAROLES DE PEINTRES
par Jean-François Domergue
PAROLES DU NOUVEAU MONDE
par Kenneth White
PAROLES DE MUSICIENS
par Françoise et Bertrand Ballarin
PAROLES DE SAGESSE CHRÉTIENNE
par Jean Vernette
PAROLES DE SAGESSE LAÏQUE
par Daniel Royo
PAROLES DE TROUBADOURS
par Jean-Claude Marol
PAROLES ABORIGÈNES
par Thomas Johnson
PAROLES AZTÈQUES
par Jean Rose et Michel Piquemal
PAROLES DU TIBET
par Marc de Smedt
PAROLES DE SAGESSE ÉTERNELLE
par Michel Piquemal et Marc de Smedt
PAROLES DE GITANS
par Alice Becker-Ho
PAROLES D'ERMITES
par Jean-Yves Leloup
PAROLES KABYLES
par Samia Messaoudi et Mustapha Harzoune

Collection dirigée par Marc de Smedt et Michel Piquemal
Illustration de couverture et vignettes : Danielle Siegelbaum

Loi 49 956 du 16 juillet 1949 sur les publications destinées à la jeunesse
Dépôt légal : second semestre 2000
N° d'édition : 12061/4
ISSN 1248.8089 - ISBN : 2 226 07048 6
Imprimé en France par Pollina s.a., 85400 Luçon - n° 81567 D

PAROLES D'ISLAM

Textes présentés par
Nacer Khémir

Images tirées des films
de Nacer Khémir :
"Les Baliseurs du désert"
et "Le Collier perdu de la colombe"

ALBIN MICHEL
CARNETS DE SAGESSE

À Sidi Muhammad El Khémir

Dès le septième siècle, l'Islam – et sa pierre d'angle, le Coran – ont contribué à forger l'âme du monde.

Depuis la révélation faite au Prophète à la Mecque et son exil à Médine, s'est opérée, à travers les musulmans des quatre continents, une véritable mutation humaine et sociale. Ainsi l'Islam est-il devenu une des composantes de l'univers historique et mental du monde.

De l'Arabie à la Chine, en passant par l'Inde, l'Indonésie ou la Russie, l'Islam, en inscrivant partout et toujours le Coran au cœur même de la réflexion, a tenté de concilier religion, idéologie et histoire. C'est ainsi qu'il a pris corps dans les jeux difficiles de l'Histoire et des hommes, de la pensée et de l'imaginaire, pour constituer une civilisation.

Si cette culture islamique s'articule autour d'une révélation divine et d'un livre fondateur, elle induit au moins autant une façon de vivre que de croire.

Il nous faut donc sortir l'Islam de l'ornière des idées reçues et des caricatures islamistes – qui le réduisent à une suite de certitudes, de dogmes et de pratiques – pour s'attacher plutôt à son humanité.

Cette humanité s'exprime déjà dans l'itinéraire de son fondateur, Muhammad, parfois effrayé par la révélation et le rôle qu'on voulait lui attribuer.

Loin de l'image réductrice du guerrier triomphant, cohabitent chez le prophète – comme chez ses semblables – un être humain avec ses hésitations et ses faiblesses et un être appelé à une destinée éternelle.

L'Islam a cette vocation de rassurer l'homme et de l'aider à surmonter ses faiblesses.
Entre volonté divine et limites humaines, il existe un espace de liberté où l'homme instaure sa propre relation à Dieu, sans intermédiaire. Et le premier hommage qu'il doit rendre à son créateur est de faire fonctionner sa raison, don absolu de Dieu à sa créature.
C'est avec une joie profonde que le musulman remercie Dieu de ce privilège en exerçant sa raison ici-bas, en la partageant avec les autres et en transmettant son savoir à ses frères pour être fidèle au message divin.
Il en est de même pour la Nature, qu'il « renvoie » au Créateur après l'avoir travaillée, transformée et parfois sublimée, comme dans ces jardins qui veulent donner sur cette terre un avant-goût de paradis.
Il y a là un magnifique rapport à la vie, une aptitude au bonheur, une sensualité, que l'on capte aussi bien dans les jardins que dans les demeures et leurs intérieurs (bijoux, étoffes, tapis), dans la musique, la poésie ou les récits.
On en trouve l'exemple le plus somptueux dans Les Mille et une Nuits *où sont proposés ici-bas mais dans le respect de Dieu, des modèles de vie heureuse, d'un savoir-vivre raffiné, à travers lesquels se dessine une véritable morale du bonheur.*

Nous sommes donc loin de l'Islam orthodoxe qui refuse ce rapport de l'individu à Dieu s'il ne se soumet pas à la loi collective. Aussi ces théologiens condamneront-ils les plus grands mystiques tels Hallaj, Suhrawardi, Ibn Arabi (etc), dont l'élan est solitaire ; d'autant que pour exprimer leur flamme, ceux-ci empruntent au khamrya *(poésie bacchique) et au* ghazal *(poésie amoureuse) leur langage qu'ils détournent du profane pour atteindre au sacré.*
L'orthodoxie a tout fait pour tenir à l'écart ces mystiques dont certains ont été conduits jusqu'au bûcher : ainsi le Hallaj dont les paroles résonnent d'un écho encore plus intense :

Tuez-moi donc, mes féaux camarades
C'est dans mon meurtre qu'est ma vie.

La peur farouche de ces théologiens face à la profondeur de cet amour ne fait que mettre en lumière la tiédeur de leur foi et la faiblesse de leur spiritualité.
Comment comparer leur recours au système de la punition et de la récompense, à la fulgurance d'un amour comme celui de Rabi'a Al-Adawiyya, courant dans les rues de Bagdad, un feu dans une main, et de l'eau dans l'autre en criant :

Je cours brûler le paradis et éteindre l'enfer
pour qu'il ne reste que Lui.

Alors… qui sont les fous et qui sont les sages ?
Et s'ils n'étaient que ce « fil blanc » et ce « fil noir » dont parle le Coran pour dire que l'aube seule permettra de les distinguer l'un de l'autre ?
Si seulement ces quelques Paroles d'Islam *– extraites du Coran comme des poèmes d'amour, de Dieu ou des hommes – soulevaient un instant le voile opaque que certains ont posé sur cette culture… Peut-être pourrions-nous entrevoir cet Islam cher au cœur d'un poète d'aujourd'hui, Jamal Eddine Bencheikh :*
“ L'Islam dont je me réclame est une foi non un pouvoir, une éthique non une politique.
Je revendique sa spiritualité contre l'ambition hégémonique d'une poignée de ses adeptes.
Je me réfère à la passion douloureuse du prophète mecquois, à la pureté de son rêve d'éternité, non à sa conception autocratique de l'état et hiérarchique de la société.
Son siècle n'est pas le mien et, que je sache, nul ne saurait s'arroger le droit de venir m'interpréter Dieu.
L'Islam me donne ce privilège insigne de répondre seul de mes actes. ”

Nacer Khémir

Tu créas la nuit,

je fis la lampe.

Tu créas l'argile,

je fis la coupe.

Tu créas la forêt, la montagne et le désert,

je fis l'allée, le jardin, le verger.

Mohammed Iqbàl
poète musulman indien
(1875-1938)

Ayant bu des mers entières, nous restons tout étonnés
que nos lèvres soient encore aussi sèches que des plages,
et toujours cherchons la mer pour les y tremper
sans voir que nos lèvres sont les plages
et que nous sommes la mer.

Attâr
poète mystique persan
(XIIe et XIIIe s.)

AVEUGLE

Un jour, un homme alla rendre visite
à un cheikh qui était pauvre et aveugle.
Il fut étonné de trouver chez celui-ci
un exemplaire du Coran. Il se demanda :
« Cet homme est aveugle donc il ne peut pas lire.
Que peut-il bien faire du Coran ?
Mais, si je lui pose cette question,
ce sera un manque de respect. »

Or, il se trouva que le cheikh lui offrit
l'hospitalité pour quelques jours.
Une nuit, notre homme fut réveillé
par une voix qui récitait le Coran.
Se levant, il découvrit l'aveugle,
les yeux dans son livre, récitant le Coran.
Il lui dit : « Comment arrives-tu à lire ?
Je vois ton regard qui se déplace
à chaque ligne qui passe.
Y vois-tu vraiment ? »

L'aveugle répondit :
« *Ô toi qui ignores tout du corps !*
Pourquoi es-tu étonné de ce que Dieu puisse permettre
une chose pareille ? J'ai demandé
l'aide de Dieu afin de pouvoir lire le Coran
car j'ai une mauvaise mémoire.
C'est pour cela que,
chaque fois que j'ouvre le Coran,
j'y vois ! »

Djalàl al-Din Rumi
poète mystique soufi, XIIIe s.
(fondateur de l'ordre des Derviches)
Le Mesnevi

Un jour, un novice se présenta pour recevoir
l'enseignement d'un maître soufi.

« *Il te faut d'abord trouver la réponse*
à une question, lui dit l'un des disciples.
Si tu y parviens, le maître t'acceptera comme élève
dans trois ans. »

La question lui fut posée et l'élève s'acharna
jusqu'à ce qu'il eût trouvé la réponse.
Le disciple du maître porta la réponse au soufi
et revint avec ce message :

« ***T****a réponse est correcte.*
Tu peux t'en aller et attendre
que les mille et un jours soient écoulés ;
ensuite, tu pourras revenir ici
pour recevoir l'Enseignement. »

Le novice était ravi.
Après avoir remercié le messager, il lui demanda :
« *Et que serait-il arrivé si je n'avais pas su fournir*
la bonne réponse ?

– Oh, dans ce cas, tu aurais été admis
immédiatement ! »

Conte soufi

Sache que le monde tout entier est miroir,
dans chaque atome se trouvent
cent soleils flamboyants.
Si tu fends le cœur d'une seule goutte d'eau,
il en émerge cent purs océans.
Si tu examines chaque grain de poussière,
mille Adam peuvent y être découverts…

Un univers est caché dans une graine de millet ;
tout est rassemblé dans le point du présent…
De chaque point de ce cercle
sont tirées des milliers de formes.
Chaque point, dans sa rotation en cercle,
est tantôt un cercle,
tantôt une circonférence qui tourne.

Mahmûd Shabestarî
poète soufi, Iran (XIVe s.)

Dieu a caché la mer et montré l'écume
il a caché le vent et montré la poussière…
Comment la poussière pourrait-elle s'élever d'elle-même ?…
Tu vois pourtant la poussière, et pas le vent.
Comment l'écume pourrait-elle sans la mer se mouvoir ?
Mais tu vois l'écume et pas la mer.

Djalàl Al-Dìn Rùmì
poète mystique soufi (XIIe s.)

LA FOURMI AMOUREUSE

Cheminant un jour en un lieu solitaire,
le roi Salomon rencontra une fourmilière.
Aussitôt, toutes les fourmis vinrent par milliers le saluer.
Une seule l'ignora, occupée à emporter, grain par grain,
l'énorme monticule de sable devant elle.
Le roi Salomon la fit appeler et dit :

*« **Ô petite fourmi,***
même avec la longévité de Noé et la patience de Job,
jamais tu ne pourras faire disparaître
cette montagne de sable ! »

*« **Ô grand roi**,*
répondit la fourmi,
ne t'arrête pas à ma taille…
mais regarde plutôt mon ardeur.
Derrière ce monticule est ma bien-aimée.
Rien ne m'arrêtera pour l'effacer.
Et si je dois perdre la vie, au moins je mourrai
dans l'espoir de la rejoindre.

Ô roi,
apprends d'une fourmi ce qu'est la force de l'amour,
apprends d'un aveugle le secret de la vision… »

Attâr, *Le livre divin*,
Poète mystique persan (XIIe et XIIIe s.)

Quelqu'un m'a demandé mon âge,
après avoir vu la vieillesse grisonner sur mes tempes
et les boucles de mon front.
Je lui ai répondu : *une heure.*
Car en vérité je ne compte pour rien
le temps que j'ai par ailleurs vécu.
Il m'a dit : « Que dites-vous là ? Expliquez-vous.
Voilà bien la chose la plus émouvante. »
Je dis alors :
« Un jour, par surprise, j'ai donné un baiser,
un baiser furtif, à celle qui tient mon cœur.
Si nombreux que doivent être mes jours,
je ne compterai que ce court instant,
car il a été vraiment toute ma vie. »

Ibn Hazm,
écrivain andalou (Xe et XIe s.)
Le Collier de la colombe

On ne saurait jamais contempler Dieu directement
en l'absence de tout support
(sensible ou spirituel), car Dieu, en soi,
est indépendant des mondes…
La Contemplation de Dieu dans les femmes
est la plus intense et la plus parfaite ;
et l'union la plus intense encore
(dans l'ordre sensible qui sert de support
à cette contemplation)
est l'acte d'amour.

Ibn' Arabî
poète mystique andalou
(1165-1240)

On demanda un jour à Râbi'a*
comment elle voyait l'amour :

« *Entre l'amant et l'aimé,* dit-elle,
il n'y a pas de distance.
Il n'y a de parole que par la force du désir
et de description que par le Goût.
Qui a goûté a connu
et qui a décrit ne s'est pas décrit.
En vérité,
comment peux-tu décrire quelque chose
quand, en sa présence, tu es absent,
en son existence tu es dissous,
en sa contemplation tu es défait,
en sa pureté tu es ivre,
en ton abandon tu es comblé,
en ta joie tu te quittes ? »

*Rabi'a Al-Adawiya
mystique musulmane de Basra (VIIIe s.)

Un amoureux fou vint frapper
à la porte de sa bien-aimée.
Elle demanda derrière la porte :
« ***Q**ui est là ?*
Il répondit :
– ***C**'est moi !*
Elle dit :
– *Il n'y a pas de place pour toi et moi*
dans la même maison.
Alors il s'en alla méditer dans le désert
et des années plus tard, il revint frapper à sa porte.
La voix de sa bien-aimée demanda :
« ***Q**ui est là ?* »
Il répondit :
« ***C**'est toi-même !* »
Et la porte s'ouvrit.

D'après Ibn' Arabî
poète mystique andalou
(1165-1240)

Un jour que Majnûn* se lamentait
sur son amour, quelqu'un vint lui dire :
« Majnûn, cesse tes lamentations,
car Leïla vient te voir. Elle est là devant ta porte. »
Majnûn releva aussitôt la tête :

« Dis-lui de passer son chemin car Leïla m'empêcherait
un instant de penser à l'amour de Leïla. »

El Aghani

* Majnûn : Poète du VIIe siècle
mort d'amour pour Leïla.

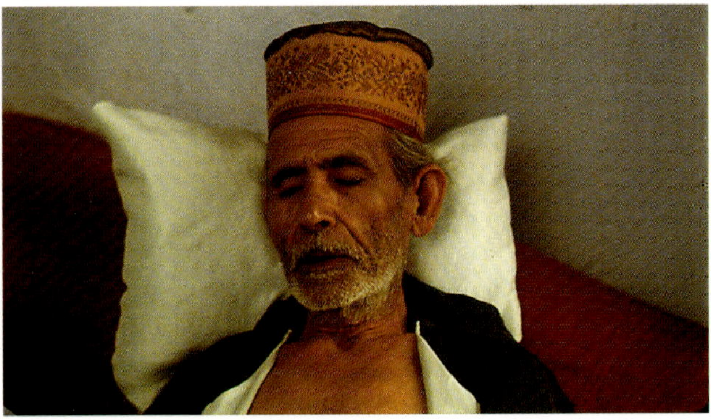

LE PROPHÈTE A DIT :

MOUREZ AVANT DE MOURIR

« J'ai peur de la mort »,

disaient les oiseaux.

« La mort peut-elle exister

pour celui dont le cœur est uni à Dieu ? »

répondait la huppe.

« Mon cœur est uni à Lui,

ainsi le temps et la mort n'existent plus pour moi.

Car la mort est la rupture du temps,

et le temps naît de notre attachement

aux choses qui périssent. »

Attâr,
Poète mystique persan (XIIe et XIIIe s.)

Jamais je ne m'étais plaint de l'adversité ;
jamais je ne m'étais troublé
devant les nombreux soucis qui m'assaillaient…
jusqu'au jour où je me trouvai pieds-nus
et sans argent pour m'acheter des babouches.
J'entrai contrarié dans la Mosquée de Kufa
afin d'apaiser la douleur de mon cœur par la prière.
Et là, je vis un homme qui n'avait pas de pieds.
Alors, je rendis grâce à Dieu
et pris mon manque de souliers en patience.

Saadi, *Le Gulistan (ou Jardin des roses)*
Poète mystique soufi, Bagdad (XIIe et XIIIe s.)

LES RICHES ET LES PAUVRES

C'était la famine.
Mais tout le monde ne mourait pas
de faim pour autant :
les riches avaient pris soin de faire
d'amples réserves de blé,
d'huile, de légumes secs et de viande séchée.
Khadija dit alors à son mari :
– Nasr Eddin, toute la ville te tient pour un homme sage.
Ne reste pas les bras croisés ; va sur la place,
rassemble tout le monde, et tente de convaincre
les riches de donner à manger aux pauvres.
Nasr Eddin trouve pour une fois que sa femme a raison.
Il fait comme elle dit et deux heures après,
rentre, la mine réjouie.

– Ma femme, rendons grâce à Allah le Miséricordieux !
– Ah ! Tu as donc réussi ?
– Ce n'était pas une mission facile. À moitié.
– Comment cela, à moitié ?

– Oui : j'ai réussi à convaincre les pauvres.

Nasr Eddin Hodja
(figure de l'humour et de la sagesse
dans les contes arabes, turcs et persans)

DU PUR AMOUR

Dieu a dit à l'un de Ses serviteurs : « Prétends-tu M'aimer ? Si tel est le cas, sache que ton amour pour Moi est seulement une conséquence de Mon amour pour toi. Tu aimes Celui qui est. Mais Je t'ai aimé, Moi, alors que tu n'étais pas ! »

Il lui dit ensuite : « Prétends-tu que tu cherches à t'approcher de Moi, et à te perdre en Moi ? Mais Je te cherche, Moi, bien plus que tu ne Me cherches ! Je t'ai cherché afin que tu sois en Ma présence, sans nul intermédiaire, le Jour où J'ai dit " Ne suis-je pas votre Seigneur ? " (Coran 7 : 172), alors que tu n'étais qu'esprit. Puis tu M'as oublié, et Je t'ai cherché de nouveau, en envoyant vers toi Mes envoyés, lorsque tu as eu un corps. Tout cela était amour de toi et non pour Moi. »

Mawqif 112
Emir Abd el-Kader
(Mystique et héros de la lutte
pour l'indépendance de l'Algérie,
mort à Damas en1883)

Limite tes désirs des choses de ce monde et vis content.
Détache-toi des entraves du bien et du mal d'ici-bas,
Prends la coupe et joue avec les boucles de l'aimée,
car, bien vite,
Tout passe… et combien de jours nous reste-t-il ?

Ne laisse pas la tristesse t'étreindre
et d'absurdes soucis troubler tes jours,
N'abandonne pas le livre,
les lèvres de l'aimée et les odorantes pelouses
Avant que la terre te prenne dans son sein.

Omar Khayyâm, *Quatrains Rubâ' iyât*
Poète soufi (XIe s.)

LE LIVRE DES HALTES.
QUI ES-TU ? QUI SUIS-JE ?

Il m'arrêta et me dit : *Qui es-tu ? Qui suis-je ?* Alors je vis le soleil, la lune, les étoiles et toutes les lumières. Il me dit : *Il n'est resté dans le courant de ma mer nulle lumière que tu n'aies vue.* Alors toutes choses vinrent à moi jusqu'à ce qu'il n'en reste aucune. Elles me baisèrent entre les yeux, me saluèrent et s'arrêtèrent dans l'ombre. Il me dit : *Tu me connais, mais je ne te connais pas.* Alors je le vis tout entier s'attacher à mon vêtement, et non pas à moi. Il dit : *Ceci est mon culte.* Mon vêtement s'inclina, mais je ne m'inclinai pas. Et lorsque mon vêtement s'inclina, il me dit : *Qui suis-je ?* Le soleil et la lune s'obscurcirent, les étoiles tombèrent, les lumières s'évanouirent et les ténèbres ensevelirent toutes choses, hormis lui. Mes yeux ne virent plus, mes oreilles n'entendirent plus et mes sens s'éteignirent. Et toutes choses s'exclamèrent : *Dieu est le plus grand.* Toutes choses vinrent à moi, une lance à la main. Il me dit : *Fuis.* Où fuir ? demandai-je. Il dit : *Jette-toi dans les ténèbres.* Je m'y jetai. Alors je me vis. Il me dit : *Ne regarde que toi, ne sors jamais des ténèbres. Si je t'en fais sortir, je me montre à toi. Alors tu me vois, et me voyant, tu es le plus lointain des lointains.*

Al'Niffari,
Mystique de Kufa en Irak (Xe s.)

Dites :
NOUS CROYONS EN DIEU
à ce qui nous a été révélé,
à ce qui a été révélé à Abraham,
à Ismaël, à Isaac, à Jacob et aux tribus,
à ce qui a été donné à Moïse et à Jésus;
à ce qui a été donné aux prophètes de la part de leur Seigneu
Nous n'avons de préférence pour aucun d'entre eux.

Le Coran, Sourate II, 13

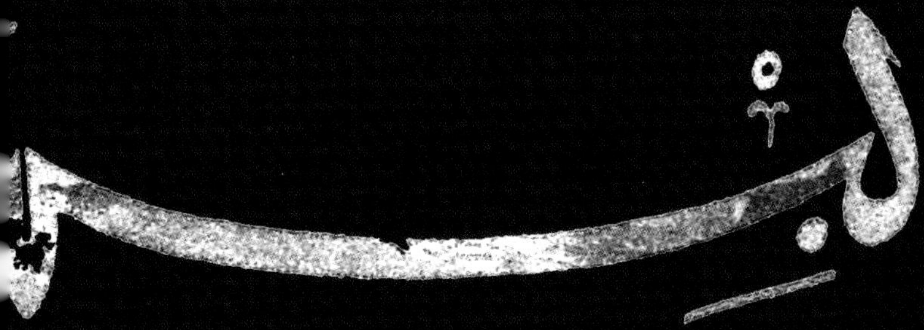

Ne vois-tu pas que ce tout qui se trouve
dans les cieux et sur la terre,
et les oiseaux en étendant leurs ailes,
célèbrent les louanges de Dieu.

Le Coran, Sourate XXIV, 41.

Mon cœur
Est devenu capable
De prendre toutes les formes ;
Il est
Pâturages
Pour les gazelles
Et
Couvent pour le moine,
Temple pour les idoles
Et
Kaaba pour le pèlerin.
Il est les tables de la Torah
Et
Le Livre du Coran.
Il professe la religion de l'amour
Quel que soit le lieu
Vers lequel
Se dirigent ses caravanes.
Et l'amour
Est
Ma loi
Et l'amour
Est
Ma foi.

Ibn'Arabî (1165-1240)
Poète mystique islamique

Ton image est dans mon œil
Ton invocation sur mes lèvres
Ta demeure dans mon cœur
Où donc peux-Tu être absent ?

Hallâj (Dîwân)
Poète mystique musulman (Bagdad IXe s.)

Nacer Khémir, né en Tunisie, est à la fois cinéaste et conteur. Depuis 1978, il a conté dans plus de mille villes et villages.
En 1982, puis en 1988, il a raconté les *Mille et une nuits* chaque soir durant un mois au Théâtre National de Chaillot à Paris.
Parallèlement, il a publié plusieurs recueils de contes aux Éditions de la Découverte : *L'Ogresse, Le Conte des conteurs, Le Soleil emmuré*, et aux éditions Le Mascaret : *Sheherazade.*
Au cinéma, il réalise en 1976 son premier long métrage : *Histoires du Pays du Bon Dieu.*
Puis en 1985, *Les Baliseurs du désert*, long métrage couleur, Grand prix de la Mostra de Valence et divers autres prix.
Son dernier long métrage, réalisé en 1990, *Le Collier perdu de la colombe* a reçu le Prix spécial du jury du Festival de Locarno et d'autres prix.
Les photographies de ce livre sont tirées de ces deux derniers films et celles des pages 1, 10, 14, 28 et 30 ont été prises sur le tournage du *Collier perdu de la Colombe* par G. M. Zimmermann © SYGMA.

Les œuvres des auteurs cités peuvent être consultées dans les éditions suivantes :

Attâr, *Le livre divin* (trad. Fruad Rouhani), coll. Spiritualités vivantes, Albin Michel, 1990 et *Mantic Uttaïr ou le Langage des oiseaux* (trad. Garcin de Tassy) Éditions d'Aujourd'hui, 1975.
Husayn Mansûr Hallâj, *Dîwan* (trad. Louis Massignon), coll. Points sagesse, Le Seuil, 1981.
Hafiz, *Le Livre d'or du Divân*, Seghers, 1984.
Ibn' Arabî, *Traité de l'amour* (trad. Maurice Gloton), coll. Spiritualités vivantes, Albin Michel, 1986.
Omar Khayyâm, *Les Quatrains Rubâ'iyât*, Seghers, 1982 et *Les Quatrains* (trad. Charles Grolleau), Éditions Gérard Lebovici.
Nasr Eddin Hodja, *Sublimes Paroles et idioties de ...*, recueillies par Jean-Louis Maunoury, Éditions Phébus, 1990.
Niffari, *Stations*, Éditions Arfuyen, 1982.
Rabià, *Chants de la Recluse*, Éditions Arfuyen.
Djalàl Al- Dìn Rumì, *Le Mesnevi, 150 contes soufis* (trad. Ahmed Kudsi Erguner et Pierre Maniez), coll. Spiritualités vivantes, Albin Michel, 1988.
Saadi, *Le Jardin des roses* (trad. Omar Ali Shah), coll. Spiritualités vivantes, Albin Michel, 1991.
Abdel el-Kader, *Écrits Spirituels*, Le Seuil.

De nombreuses anthologies permettent de se familiariser avec la pensée arabe et soufie :

E. Dermengheim, *Les Plus beaux textes arabes*, Éditions de la Colombe.
Safa, *Anthologie de la poésie persane* (trad. G. Lazard, R. Lescot et H. Massé), Gallimard / Unesco, 1987.
Idries Shah, *Caravanes de rêves*, Éditions du Rocher, 1989 et *Chercheur de vérité*, coll. Spiritualités vivantes, Albin Michel, 1992.
Eva de Vitray-Meyerovitch, *Anthologie du soufisme*, Éditions Sindbad / Islam, 1978.
D'Arabie et d'Islam, Jamel Eddine Bencheikh, André Miguel, Éditions Odile Jacob.

La lecture du Coran est indispensable à la compréhension de la pensée islamique. Nous conseillons les éditions suivantes :

Le Coran (trad. Régis Blachère), Éditions Maisonneuve et Larose, 1966.
Le Coran (trad. D. Masson), La Pleïade, Gallimard, 1967
Le Coran , Jacques Berque, Éditions Sindbad, 1991.